Diese Bibel gehört

_____

Sie ist ein Geschenk von

_____

zu

_____

ISBN 978-3-96362-210-6
Alle Rechte vorbehalten
Originally published in English under the title:
God Gave us the Bible
Text copyright © 2019 by Lisa Tawn Bergren
Illustrations copyright © 2019 by David Hohn
This translation published by arrangement with WaterBrook,
an imprint of Random House,
a division of Penguin Random House LLC.
German edition © 2021 by Francke-Buch GmbH
35037 Marburg an der Lahn
Deutsch von Malin Georg
Satz: Francke-Buch GmbH
Printed in Poland

www.francke-buch.de

Lisa T. Bergren

Ein Geschenk des Himmels

Meine KINDERBIBEL

Illustrationen von David Hohn

Inhaltsverzeichnis

Es war ein großer Tag … der erste Sommertag. Der kleine Eisbär hatte alle seine Freunde zu einer Übernachtungsparty eingeladen. Nachdem sie draußen gespielt und auf der Veranda zu Abend gegessen hatten, rösteten sie zusammen über dem Lagerfeuer Marshmallows.

Als sie alle Marshmallows aufgegessen hatten, rief Mama
Bär sie ins Haus: „Kommt rein, dann erzähle ich euch
eine Geschichte. Die beste Geschichte von allen!"

Der kleine Eisbär und seine
Freunde gingen ins Haus und
machten es sich gemütlich.
„Dieses Buch ist ein Geschenk von
Gott", sagte Mama Bär und hob
ihre Bibel hoch. „Es erzählt unsere
Geschichte."
„Unsere Geschichte?", fragte der
kleine Fuchs. „Wie kann das sein?
Geht es dort nicht nur um einen
Haufen Leute, die vor langer Zeit
gelebt haben?"
„Gott hatte die Menschen sehr
lieb, die vor langer Zeit gelebt
haben", erklärte Mama Bär.
„Genauso, wie er uns heute lieb
hat. Und er möchte, dass wir ihn
kennenlernen. Schaut mal …",
sagte sie und schlug die erste Seite
auf. „Es beginnt mit 1. Mose oder
Genesis, wie das erste Buch der
Bibel auch genannt wird …"

9

„Was heißt Genesis?",
fragte der kleine Eisbär.
„Es heißt Anfang", sagte
Mama Bär. „In diesem
biblischen Buch geht es
um die Entstehung der
Welt … und wie Gott
uns von Anfang an geliebt
hat!"

Gott erschafft die Erde

1. Mose 1

Gott ist unser Schöpfer, der Grund, aus dem alles existiert. Er begann mit nichts. Als Erstes schuf er den Himmel und die Erde, dann trennte er das Licht von der Dunkelheit und das Wasser vom Land. Anschließend schuf er alle Arten von Tieren und Pflanzen, um die Erde zu füllen!

Stellt euch mal vor, wie es gewesen sein muss, die ersten Sterne über den Nachthimmel flitzen zu sehen. Zuzuschauen, wie ein Garten zum Leben erwacht, in dem es jede Blume gibt, an der ihr jemals gerochen habt, und jede Frucht, die ihr jemals gegessen habt! Oder zu sehen, wie der erste Wal seine gigantische Flosse ins Meer klatschen lässt!

11

Adam und Eva

1. Mose 1-2

Aber das war noch längst nicht alles. Gott hatte einen besonderen Plan ... er wollte Kinder erschaffen, die er lieb haben konnte! Deshalb schenkte er Adam und Eva das Leben. Adam durfte

allen Tieren einen Namen geben und er und Eva bekamen
einen ganz besonderen Platz zum Leben: den Garten Eden.
Alles war gut, richtig gut. Adam und Eva verbrachten ihre Zeit
mit Gott und freuten sich an der wunderbaren Welt, die er ge-
schaffen hatte. Sie mussten sich um nichts Sorgen machen!

Adam und Eva müssen den Garten verlassen

1. Mose 3

Alles war gut, bis eine Schlange zu Eva sagte: „Hat Gott wirklich gesagt, dass ihr keine Früchte aus diesem Garten essen sollt?" Das war sehr hinterlistig von ihr, denn das hatte Gott nie gesagt!

Eva antwortete: „Wir dürfen von jedem Baum essen, nur von diesem hier nicht. Das hat Gott verboten. Wenn wir diese Früchte essen, sterben wir!"

„Du wirst nicht sterben!", sagte die Schlange. „Du wirst wie Gott sein und wissen, was Gut und Böse ist."

Wie Gott sein?, dachte Eva. Was soll daran falsch sein?

Also pflückte Eva eine Frucht von dem verbotenen
Baum und biss herzhaft hinein. Und als Adam näher
kam, überredete sie ihn, dasselbe zu tun.

Am Anfang hat die Frucht vermutlich so gut geschmeckt, wie sie aussah. Aber dann schmeckte sie bestimmt sauer – weil das, was sie taten, falsch war. Gott hatte es ausdrücklich verboten!

Plötzlich wurde Adam und Eva bewusst, dass sie nackt waren. Sie machten sich Kleider aus Blättern. Als Gott abends in den Garten kam, versteckten sie sich ängstlich vor ihm.

Weil sie nicht auf ihn gehört und die verbotene Frucht gegessen hatten, mussten Adam und Eva den Garten Eden verlassen. Jetzt mussten sie in der Welt außerhalb des Gartens leben, wo es längst nicht so schön und friedlich war und der Alltag viel schwerer.

Trotzdem war das erst der Anfang – Gott schrieb seine Geschichte mit uns weiter …

„Das ist aber traurig", sagte der kleine Otter. „Warum hat Gott nicht einfach einen Zaun um diesen Baum gebaut?"
„Gott wollte, dass Adam und Eva selbst entscheiden konnten", erklärte Mama. „Genauso, wie er uns heute die Wahl lässt. Er wünscht sich, dass wir ihn lieb haben und auf ihn hören, aber er zwingt uns nicht dazu.
Auch wir treffen ganz oft falsche Entscheidungen – genau wie Adam und Eva."
„Wie wenn ich noch eine Muschel aus dem Topf klaue?", fragte der kleine Otter. „Obwohl meine Mama mir das verboten hat?"
„Genau."

Noahs Arche

1. Mose 6-9

Nachdem Adam und Eva den Garten verlassen hatten, vergaßen die Menschen Gott allmählich. Sie waren gemein zueinander. Niemand glaubte mehr an Gott oder redete mit ihm. Das machte Gott sehr traurig.

In der Zeit, als Noah lebte, war er der Einzige, der Gott von ganzem Herzen lieb hatte! Also befahl Gott Noah, ein gigantisches Boot zu bauen, in dem ein Paar von jeder Tierart Platz finden konnte: Ameisen und Affen, Wiesel und Wölfe, Elefanten und Eisbären und alle anderen Tiere, die euch einfallen.

Noahs Nachbarn haben ihn bestimmt für ziemlich verrückt gehalten. Denn die Arche war so riesig, dass sie sogar für einen Fluss zu groß gewesen wäre!

Aber dann begann es zu regnen … und es regnete und regnete. Vierzig Tage und Nächte lang regnete es!

Als der Regen aufhörte, trieb die Arche noch mehrere Monate lang auf dem Wasser herum. Noah muss gedacht haben, sie wären mitten auf dem Meer! Er war überglücklich, als er eine Taube aussandte und sie einen Olivenzweig zurückbrachte! Das bedeutete, dass irgendwo ein Baum wuchs und in der Nähe Land sein musste.

Nachdem alles Wasser versickert war, sagte Gott zu Noah, dass er seine Familie und die Tiere nun sicher nach draußen bringen konnte. Als Zeichen dafür, dass er niemals wieder einen so heftigen Regen schicken würde, setzte er einen Regenbogen an den Himmel. Gott hatte einen Weg gefunden, um noch mal ganz neu mit den Menschen anzufangen, die er liebte und die ihn auch lieb hatten.

„Du, Mama, hatte Noah einen Motor in der Arche, mit dem er sie steuern konnte?", fragte der kleine Eisbär.

„Nein, aber damit hast du einen wichtigen Punkt der Geschichte angesprochen. Noah musste Gott vertrauen, dass er das Boot zur richtigen Zeit an den richtigen Ort bringen würde. Und das tat er auch!"

Gott erwählt Abraham

1. Mose 12-15

Viele, viele Jahre vergingen und eine Menge Menschen lebten auf der Erde. Aber es gab einen Mann, den Gott für etwas ganz Besonderes auswählte: Abraham. Er hatte Gott lieb und folgte ihm. Mit ihm wollte Gott seinen Plan, die Welt für immer zu retten, weiterführen.

Gott sagte zu Abraham, dass er eines Tages so viele Kinder und Enkel haben würde, wie Sterne am Himmel standen! Abraham glaubte ihm, obwohl er und seine Frau schon alt waren und noch kein einziges Kind hatten. Denn Gott hatte gesagt: „Vertrau mir. Ich werde dich beschützen und dir viel Gutes tun."

Sara bekommt ein Baby

1. Mose 21

Sara dachte, Abraham wäre verrückt, als er ihr erzählte, was Gott gesagt hatte. Sie wünschte sich schon so lange ein Baby, aber sie hatte nie eins bekommen. Und jetzt war sie viel zu alt dafür.

Als sie herausfand, dass sie tatsächlich schwanger war, war sie ziemlich überrascht! Neun Monate später brachte sie den kleinen Isaak zur Welt. Und wisst ihr, was sein Name bedeutet? Gelächter. Bestimmt haben Sara und Abraham oft vor Verwunderung gelacht, wenn sie den kleinen Jungen betrachtet haben. Sie waren überglücklich, dass Gott ihnen ein Kind geschenkt hatte, und liebten es sehr!

„Waren sie so alt wie Henrietta, die Eule?", fragte die kleine Gans.

„Vielleicht", sagte Mama Bär. „Könnt ihr euch vorstellen, dass sie eine kleine Babyeule bekommt?"

„Neiiiiin!", riefen alle und lachten. Henrietta war so alt, dass ihr schon die Federn ausgingen!

„Manchmal tut Gott Dinge, die uns unmöglich erscheinen", sagte Mama Bär. „Wie ein ganzes Volk zu erschaffen und dabei mit einem einzigen kleinen Jungen zu beginnen – Isaak, dessen Eltern eigentlich viel zu alt waren, um noch Kinder zu bekommen. Solche Ereignisse nennen wir Wunder!"

Josef und sein bunter Mantel

1. Mose 37

Abraham hatte einen Enkel namens Jakob. Dieser hatte zwölf Söhne, doch einer davon war sein Lieblingssohn: Josef. Die anderen Brüder waren ziemlich neidisch auf ihn. Und sie wurden noch viel neidischer, als ihr Vater Josef einen wunderschönen Mantel schenkte!

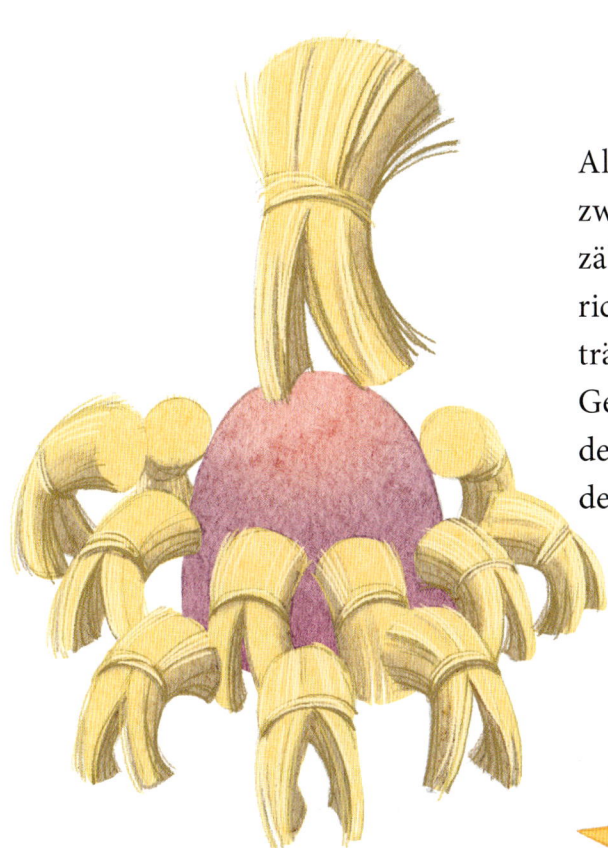

Als Josef ihnen dann auch noch von zwei merkwürdigen Träumen erzählte, die er gehabt hatte, wurden sie richtig wütend auf ihn. Als Erstes träumte er, dass er und seine Brüder Getreide zu Garben zusammenbanden und dass die Garben seiner Brüder sich vor seiner Garbe verbeugten.

Dann träumte er, dass die Sonne und der Mond und elf Sterne sich vor ihm verbeugten. Das machte sogar seinen Vater wütend. Alle fragten sich, warum der junge Josef sich für so etwas Besonderes hielt.

Josef wird verkauft

1. Mose 37

Josefs Brüder passten in den Bergen auf die Ziegen auf. Eines Tages schickte ihr Vater Josef zu ihnen. Er sollte nachschauen, wie es ihnen ging.

Als die Brüder Josef kommen sahen, fingen sie an zu schimpfen. „Da kommt der Träumer!"

„Kommt, wir töten ihn und werfen ihn in den leeren Brunnen", schlug einer vor. „Unserem Vater können wir ja erzählen, dass Josef von einem wilden Tier gefressen wurde!"

Aber Ruben, der älteste Bruder, wollte nicht, dass Josef starb. „Wir werfen ihn einfach so in den Brunnen", sagte er deshalb. Und das taten sie dann auch. Ruben wollte später heimlich zurückkommen und seinen Bruder retten.

Doch kurz darauf kamen einige Händler vorbei, die auf dem Weg nach Ägypten waren. Das brachte Juda, einen anderen der Brüder, auf eine Idee: „Lasst uns Josef als Sklaven verkaufen", sagte er. „Dann müssen wir ihn nicht töten und bekommen sogar noch Geld für ihn."

Ruben war gerade nicht da und die anderen stimmten zu. Nachdem sie Josef verkauft hatten, nahmen sie seinen schönen Mantel und tauchten ihn in Ziegenblut. Den brachten sie dann zu ihrem Vater und sagten ihm, ein wildes Tier habe Josef getötet.

Jakob weinte ganz furchtbar, weil er dachte, sein geliebter Josef sei tot.

„Krass!", sagte der kleine Waschbär.

„Das war ja so gemein von seinen Brüdern!"

„Ja, das war es", sagte Mama Bär. „Manchmal bringt Neid uns dazu, sehr schlechte Entscheidungen zu treffen."

„Ich bin auch manchmal neidisch auf meine Geschwister", gab der kleine Waschbär kleinlaut zu.

„Jeder von uns ist manchmal neidisch", sagte Mama Bär. „Wichtig ist, dass wir merken, wenn wir uns so fühlen. Und uns dann dafür entscheiden, trotzdem lieb und großzügig zu sein. Das ist es, was Gott sich von uns wünscht."

Josef im Gefängnis in Ägypten

1. Mose 39

Josef wurde als Sklave an einen Mann verkauft, der Potifar hieß und für den König von Ägypten arbeitete. Josef gab sich bei der Arbeit viel Mühe und war sehr erfolgreich. Deshalb vertraute ihm Potifar nach einiger Zeit seinen ganzen Besitz an.

Alles lief ausgezeichnet, bis Josef etwas vorgeworfen wurde, das er nicht getan hatte. Er kam ins Gefängnis! Könnt ihr das glauben? Erst ein Sklave und dann ein Gefangener! Der arme Josef muss geglaubt haben, sein Leben sei endgültig vorbei.

Die Träume des Pharao

1. Mose 40-41

Aber Gott sorgte für Josef. Schon bald machte der Gefängnisverwalter ihn zum Aufseher über die anderen Gefangenen. Als der Mundschenk und der Bäcker des Pharao ins Gefängnis geworfen wurden, half Josef ihnen herauszufinden, was ihre Träume bedeuteten.

Zwei Jahre später hatte der Pharao, der König von Ägypten, einige seltsame Träume. Allein konnte er sie nicht verstehen. Aber keine einzige Person, die er fragte, konnte ihm helfen. Da erzählte der Mundschenk, der inzwischen aus dem Gefängnis entlassen worden war, dem Pharao von Josef. Der Pharao ließ den jungen Mann kommen. „Ich habe gehört, dass du mir sagen kannst, was diese Träume bedeuten", sagte er. „Ich kann es nicht", antwortete Josef. „Aber Gott kann es."

„Manchmal habe ich auch seltsame Träume", sagte der kleine Elch. „Bedeuten sie alle etwas?"
„Wahrscheinlich nicht alle", sagte Mama Bär. „Aber manche davon vielleicht! Gott hat immer mit Josef gesprochen, so wie er es mit uns heute auch tut. Durch die Bibel, durch Träume, durch Gedanken, die uns nicht mehr aus dem Kopf gehen, und auch auf anderen Wegen."

Der Pharao fragte Josef, was seine beiden Träume bedeuteten.

„Gott sagt dir, was er tun wird", erklärte Josef. „Es wird sieben Jahre lang eine riesige Ernte und ganz viel Essen geben und danach sieben Jahre, in denen nichts wächst und die Menschen verhungern könnten. Wir müssen uns vorbereiten!"

Tief in seinem Inneren wusste der Pharao, dass Gott Josef das gezeigt hatte, und er befreite Josef aus dem Gefängnis. Aber nicht nur das: Er ernannte Josef zu seinem Stellvertreter. Jetzt war er für den ganzen Palast verantwortlich und regierte über ganz Ägypten! Sieben Jahre lang reiste Josef im ganzen Land umher, sammelte das überschüssige Getreide ein und verstaute es in Lagern, damit die Menschen in den schlimmen Jahren genug zu essen haben würden.

Josefs Brüder kommen nach Ägypten

1. Mose 42+45

Die schlechten Jahre kamen und in allen Ländern hatten die Menschen Hunger – nur in Ägypten nicht. Da Josefs Brüder hörten, dass es in Ägypten noch Getreide gab, reisten sie dorthin, um welches zu kaufen. Als sie sich im Palast vor Josef verbeugten, wusste er sofort, dass sie seine Brüder waren. Aber sie erkannten ihn nicht. Als sie ihn verkauft hatten, war er noch ein kleiner Junge gewesen; jetzt sah er aus wie ein Mann – ein ägyptischer Mann! Josef sagte ihnen nicht, wer er war, sondern schickte sie mit genug Getreide nach Hause, um ihre Familien zu versorgen. Aber er beschloss, sie zu testen.

Als seine Brüder wiederkamen, um noch mehr Getreide zu kaufen, merkte Josef, dass sie sich geändert hatten. Jetzt konnte er sein Geheimnis nicht länger für sich behalten. „Ich bin Josef!", rief er seinen Brüdern zu. „Lebt mein Vater noch?"

Das tat er, aber seine Brüder konnten ihm zuerst nicht antworten, weil sie zu Tode erschrocken waren! Josef war der Mitherrscher Ägyptens, der Stellvertreter des Pharao … der Bruder, den sie in die Sklaverei verkauft hatten. Würde er sie töten? Sie ins Gefängnis werfen lassen?

„Habt keine Angst", sagte Josef und umarmte und küsste sie. „Gott hat mich vorausgeschickt, um euch zu retten. Geht nach Hause und holt eure Familien her, hier werdet ihr alle sicher sein."

„Wow", sagte der kleine Fuchs, „sie haben sich tatsächlich vor ihm verbeugt, genau, wie Josef es in seinen Träumen gesehen hatte!"

„Und wenn er nicht nach Ägypten gekommen wäre, wäre seine Familie vielleicht verhungert!", sagte der kleine Otter.

„Genau", sagte Mama Bär. „Manchmal braucht man Jahre, um es zu sehen, aber Gott will immer unser Bestes. Er wirkt sogar durch die schlimmen Dinge, die in unserem Leben passieren."

Mose wird adoptiert

2. Mose 1-2

Die Israeliten – so nennt man die Nachkommen von Abraham – zogen nach Ägypten und hatten viele, viele Kinder. Sie wurden so viele, dass Jahre später ein neuer Pharao Angst hatte, dass sie sein Land übernehmen könnten. Darum machte er sie alle zu Sklaven. Außerdem befahl er seinen Männern, jeden neugeborenen Jungen der Israeliten zu töten.

Eine Mutter versteckte ihr Baby drei Monate lang, aber sie wusste, dass sie ihren Jungen nicht viel länger verstecken konnte. Also holte sie einen Korb, machte ihn wasserdicht und legte ihr Baby darin am Flussufer ins Schilf. Ihre Tochter Miriam passte aus der Ferne auf das Baby auf. Sie muss sich furchtbare Sorgen gemacht haben!

Wisst ihr, wer den Jungen gefunden hat? Die Tochter des Pharao! Das weinende Baby tat ihr leid und sie gab ihm den Namen Mose.

Miriam bot der Prinzessin an, jemanden zu finden, der das Kind füttern konnte, bis es größer war. Die Prinzessin war einverstanden. Und jetzt ratet mal, wen Miriam holte? Moses eigene Mama!

„Moses Mama muss überglücklich gewesen sein", sagte der kleine Eisbär.

„Ich wette, sie weinte Freudentränen", sagte Mama Bär.

„Und seine Schwester auch."

„Warum war der Pharao denn so gemein?"

„Ich glaube, er hatte Angst. Manchmal kann Angst uns dazu bringen, gemeine oder böse Dinge zu tun. Aber Gott hatte einen guten Plan für Mose."

Mose flieht

2. Mose 2

Mose wurde älter und lebte im Palast des Pharao. Er war der Prinz von Ägypten! Aber als er erwachsen war, merkte er, wie gemein die Ägypter zu den Israeliten waren, und tötete einen von ihnen. Das machte den Pharao sehr wütend. Darum rannte Mose weg und wurde ein Schafhirte.

Viele Jahre lang lebte Mose in den Bergen. Er heiratete und passte auf seine Schafe auf.

Aber für die Sklaven in Ägypten wurde das Leben immer schlimmer. Gott hörte die Schreie seines Volkes und er wusste, dass er etwas tun musste, um es zu retten.

Der brennende Busch

2. Mose 3

Eines Tages erschien Gott Mose. Er sprach zu ihm aus einem brennenden Busch– einem Busch, der in Flammen stand, aber nicht verbrannte! „Mose", rief er. „Ich bin der Gott deines Vaters, der Gott Abrahams, der Gott Isaaks und der Gott Jakobs."

Mose hatte solche Angst, dass er sein Gesicht versteckte.

„Du wirst mein Volk retten und es ins Gelobte Land führen",
sagte Gott.

Mose glaubte nicht, dass das funktionieren würde – er war
kein guter Anführer. Aber Gott sagte: „Ich werde bei dir
sein."

„Mose musste zurückgehen und den Pharao treffen?
Davor hatte er bestimmt Angst!", sagte der kleine
Eisbär.

„Mose musste mutig sein", sagte Mama Bär.

„Aber er musste nicht allein gehen.
Gott hatte ihm versprochen,
bei ihm zu sein."

„So wie du oder Papa mit mir
kommt, wenn ich Angst habe?"

„Genau. Und genauso wie Gott
bei Mose war, ist er auch bei
jedem von uns, in guten und
in schlechten Zeiten."

Mose und der Pharao

2. Mose 6-10

Nun kam eine sehr schwere Zeit für den Pharao und die Ägypter, denn der Pharao wollte seine Sklaven nicht gehen lassen. Wieder und wieder sagte Mose ihm, dass Gott wollte, dass sein Volk frei war, doch der Pharao wollte nicht hören. Also warnte Gott ihn – indem er schreckliche Plagen sandte.

Zuerst verwandelte er das Wasser im Nil in Blut.
Dann sandte er eine Froschplage. Millionen Frösche hüpften überall herum!
Als Nächstes kamen Mücken und Fliegen – jede Menge davon. Sie bedeckten das Essen, flogen den Ägyptern in die Augen und Münder … *Igitt!*
Aber der Pharao ließ Gottes Volk immer noch nicht gehen.

Gott schickte noch mehr Plagen.

Pferde, Esel, Kamele, Schafe, Ziegen und Rinder starben.

Die Menschen hatten überall auf ihrer Haut Wunden, von ihren Köpfen bis zu ihren Zehen.

Riesige Hagelkörner stürzten auf die Erde und zerstörten die Ernte auf den Feldern.

Schwärme von Heuschrecken kamen und fraßen alles, was übrig war.

Dann wurde es dunkel – drei Tage lang sah man weder die Sonne noch den Mond!

Der Pharao flehte Mose an, dafür zu sorgen, dass die Plagen aufhörten. Doch obwohl Mose das machte, wollte der Pharao Gottes Volk nicht ziehen lassen.

Die Flucht aus Ägypten

2. Mose 11-12+14

Dann kam die allerschlimmste Plage – der erstgeborene Sohn jeder ägyptischen Familie und jedes erstgeborene Tier, das die Ägypter besaßen, starben. Aber die Kinder und Tiere der Israeliten wurden verschont.

Jede ägyptische Familie weinte. Sogar der Pharao, weil auch sein eigener Sohn tot war. „Geh!", schrie er Mose an. „Nimm deine Leute und geh!"

Also packten die vielen Tausend Israeliten hastig ihre Sachen zusammen und begannen die lange Reise aus Ägypten heraus. Aber als sie ans Meer kamen und sich umdrehten, sahen sie, dass die Soldaten des Pharao hinter ihnen herjagten!

Das Meer wird geteilt

2. Mose 14

Mose rief: „Habt keine Angst! Gott ist bei uns und wird uns retten!" Dann tat er, was Gott ihm gesagt hatte: Er streckte seinen Stab über das Meer. Daraufhin türmte sich das Wasser links und rechts zu Wänden auf und es entstand ein trockener Weg, der zur anderen Seite führte.

Die Israeliten rannten durch das Flussbett und die Ägypter verfolgten sie. Aber als die Israeliten auf der anderen Seite waren, streckte Mose seine Hand noch einmal aus und das Meer schloss sich wieder. Ihre Feinde ertranken und die Israeliten waren endlich in Sicherheit.

„Puh", sagte der kleine Elch. „Dieser Pharao war aber echt stur."

„Ja, das war er", sagte Mama Bär. „Er wollte nicht auf Gott oder seinen Diener Mose hören.
Wir sollten niemals so dickköpfig sein, dass wir es nicht hören können, wenn Gott zu uns spricht", sagte sie. „Gott hat uns die Bibel auch deshalb geschenkt, damit wir von anderen lernen können."

Mose und die Zehn Gebote

2. Mose 16-17 + 19-20

Die Israeliten waren weit weg vom Gelobten Land, in das Gott sie führen wollte, und weit weg von Ägypten. Sie hatten Hunger und Durst und befürchteten, dass es ein Fehler gewesen war, ihr Zuhause zu verlassen. Trotz all der Wunder, die sie zu sehen bekamen – die Befreiung aus der Sklaverei, die Teilung des Meeres und schließlich sogar Brot, das vom Himmel fiel – waren sie furchtbar mürrisch. Sie waren wütend auf Mose, wütend auf Gott und aufeinander.

Um den Menschen zu zeigen, dass er bei ihnen war, ließ Gott es heftig donnern und blitzen. Dann rief er Mose zu sich auf den Berg Sinai und gab ihm die Zehn Gebote. Sein Volk sollte keine anderen Götter verehren, sondern nur ihn lieb haben. Alle sollten auf ihre Mamas und Papas hören, nicht stehlen, lügen, töten oder neidisch sein. Mit den Zehn Geboten wollte Gott den Israeliten helfen, friedlich zusammenzuleben und nah bei ihm zu bleiben. Denn genau das wünscht sich Gott für seine Kinder – heute genauso wie damals.

55

David und Goliat

1. Samuel 17

Jahre später, als die Israeliten längst im Gelobten Land lebten, wurden sie von den Philistern angegriffen. Zum Volk
der Philister gehörte einer der größten Soldaten, die man je

gesehen hatte – ein Riese namens Goliat. Er war über drei Meter groß! Er schrie die Israeliten an und forderte sie heraus, einen Mann zu ihm zu schicken, der gegen ihn kämpfen würde. Aber niemand traute sich.

Als der Hirtenjunge David seine Brüder auf dem Schlachtfeld besuchte, fragte er verwundert: „Warum lassen wir zu, dass er uns lächerlich macht? Wir sind doch Gottes Armee!"

Er ging zum König und sagte: „Während ich auf die Schafe meines Vaters aufgepasst habe, habe ich gegen Bären und Löwen gekämpft. Gott hat mich vor diesen wilden Tieren beschützt und er wird mich genauso vor diesem Riesen beschützen. Lasst mich gegen ihn kämpfen."

„Wow!", sagte der kleine Waschbär. „Das war aber echt mutig!"

„Ja", sagte Mama Bär. „Wenn wir Gott vertrauen, hilft uns das, mutig zu sein. Sogar bei Problemen, die riesengroß wirken!"

Als David Goliat entgegentrat, hatte er nur seinen Stab, seine Schleuder und fünf Steine bei sich. Goliat machte sich über ihn lustig, weil er noch ein Kind war. Aber David sagte: „Du hast einen Speer und ein Schwert, aber weil Gott bei mir ist, werde ich diesen Kampf gewinnen!"

Dann rannte er auf den Riesen zu, legte einen Stein in seine Schleuder und ließ ihn mit Wucht durch die Luft fliegen. Der Stein traf Goliat genau am Kopf und der Riese fiel tot zu Boden!

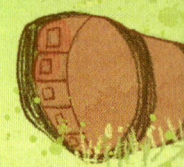

Königin Esther

Esther 2-8

In Persien gab es einen mächtigen König namens Xerxes, der eine neue Königin suchte. Seine Männer schauten überall nach den hübschesten Mädchen, die sie finden konnten. Nach einer langen Suche wurde Esther ausgewählt. Xerxes und Esther heirateten und sie wurde Königin.

Aber Esther hatte ein großes Geheimnis. Sie gehörte zu Gottes Volk, den Israeliten, die auch als Juden bekannt waren. Und Xerxes' Berater hasste die Juden. Er hasste sie so sehr, dass er den König dazu überredete, sie alle an einem bestimmten Tag zu töten!

Esthers Cousin überzeugte sie, dass sie zum König gehen und mit ihm reden musste. Sie war die einzige Jüdin, die die Möglichkeit dazu hatte.

Aber Esther hatte Angst. Niemand durfte zum König kommen, wenn er nicht eingeladen war. Das war gegen das Gesetz, sogar für die Königin!

Esther betete und fastete – das heißt, sie aß nichts – und brachte dann endlich den Mut auf, zum König zu gehen. Sie muss so erleichtert gewesen sein, als er sich freute, sie zu sehen! Der König fragte sie, was er für sie tun könne, und sie sagte: „Bitte rette mich und mein Volk!"

Und am Ende tat er das auch. Jeder Jude im Reich wurde gerettet!

„Diese Geschichten zeigen uns, dass Gott durch jeden von uns wirken kann – ganz egal wer wir sind und wo wir sind", sagte Mama Bär.

„Sogar durch mich?", fragte der kleine Eisbär.

„Durch jeden von euch", antwortete sie und sah sich um. „Ihr alle seid auch ein Teil von Gottes Geschichte! Genau wie Esther und David!"

Schadrach, Meschach und Abed-Nego

Daniel 3

Eines Tages baute der König von Babylon eine riesige Statue. Er überzog sie mit Gold und jeder sollte sich vor ihr verbeugen und sie anbeten. Aber Schadrach, Meschach und Abed-Nego weigerten sich, denn sie waren Juden. Sie wussten, Gott wollte, dass sie nur ihn anbeteten. Das war eines der Zehn Gebote!

Der König wurde sehr wütend. Er sagte: „Tut, was ich sage, oder ihr werdet in einen heißen Feuerofen geworfen!"

Sie antworteten: „Entschuldige, König, aber wir können das nicht tun. Gott kann uns vor dem Feuer retten. Aber selbst wenn er es nicht tut, werden wir uns nicht vor deinem falschen Gott verbeugen."

Das machte den König noch wütender! Er ließ seine Männer den Ofen aufheizen, bis er sieben Mal so heiß war wie sonst, und Schadrach, Meschach und Abed-Nego hineinwerfen.

Doch zu seiner Verblüffung sah der König die drei unversehrt im Feuerofen herumlaufen. Und bei ihnen war ein Engel! „Kommt heraus!", rief er. Als sie das taten, sah er, dass das Feuer ihre Kleider nicht zerstört hatte. Noch nicht einmal ihre Haare waren verbrannt!

„Ich möchte auch nur Gott anbeten", sagte die kleine Eule. „Aber ich weiß nicht, ob ich mutig genug wäre, um mich dem König zu widersetzen." „Das wäre sehr schwierig, nicht wahr?", sagte Mama Bär. „Aber ich denke, Gott möchte uns mit dieser Geschichte deutlich machen, dass wir treu zu ihm stehen sollen, egal, durch welches Feuer wir gehen. Und wenn wir zu ihm schauen, wenn wir Angst haben, kann er uns helfen, mutig zu sein."

Daniel in der Löwengrube

Daniel 6

Ein anderer Mann, der in Babylon lebte, war Daniel. Er war einer der wichtigsten Männer von König Darius und machte seine Arbeit so gut, dass der König ihm die Verantwortung für das ganze Königreich übertragen wollte. Das machte andere Männer extrem neidisch. Sie überlegten, wie sie Daniel loswerden könnten.

Eine Sache machte Daniel außergewöhnlich: Er betete dreimal am Tag zu Gott. Also überzeugten die Männer den König, ein neues Gesetz zu erlassen. Das besagte, dass jeder, der zu jemand anderem als zu König Darius betete, in eine Löwengrube geworfen werden würde!

Als Daniel beim Beten erwischt wurde, war der König sehr traurig. Sein eigenes Gesetz ließ ihm gar keine andere Wahl: Er musste Daniel in die Grube zu den hungrigen Löwen werfen lassen. Die ganze Nacht lang saß der König in seinem Zimmer und sorgte sich um seinen besten Helfer.

Als er am nächsten Morgen zur Löwengrube kam, sah er, dass es Daniel gut ging! „Gott hat den Löwen das Maul verschlossen!", rief Daniel.

„Ab sofort soll jeder in meinem Reich zu Gott beten, genau wie Daniel", beschloss König Darius, „denn dieser Gott rettet und befreit. Er hat Daniel sogar vor den Löwen beschützt!"

„Ganz viele Geschichten in der Bibel erzählen uns davon, wie Gott sein Volk rettet", sagte Mama Bär. „Egal, wie weit sie von zu Hause weg waren, Gott war immer bei ihnen."

„Aber warum rettet Gott nicht jeden?", fragte der kleine Eisbär. „Ich meine … warum sterben Leute zum Beispiel an einer Krankheit?"

„Oder bei einem Unfall?", ergänzte der kleine Fuchs.

„Oder einfach, weil sie so alt sind?", fragte der kleine Elch.

73

„Ich weiß nicht, warum Gott uns hier auf der Erde nicht immer rettet", sagte Mama Bär. „Manchmal werden wir nicht geheilt oder gerettet, bis wir in den Himmel kommen. Erinnert ihr euch daran, wie wir über den Garten Eden gesprochen haben?"

„Als Eva die Frucht aß?", fragte der kleine Fuchs.

„Ja", sagte Mama Bär. „Da fingen die Menschen an, nicht mehr auf Gott zu hören, sondern auf andere, böse Stimmen wie die der Schlage. Sie versteckten sich vor Gott, vergaßen ihn und trafen schlechte Entscheidungen."

„Sehr schlechte Entscheidungen!", bekräftigte der kleine Eisbär.
„Genauso, wie wir es manchmal tun", sagte Mama Bär. „Aber selbst
als alles schieflief, hat Gott noch einen Weg gefunden, um uns zu
retten. Um sicherzustellen, dass wir für immer mit ihm zusammen im
Himmel leben können."
„Wie hat er das denn gemacht?", fragte der kleine Eisbär.
„Nun, lasst es uns herausfinden", sagte Mama und wandte sich wieder
der Bibel zu.

Maria bekommt unerwarteten Besuch

Lukas 1

Gott hatte vor, die Welt zu verändern. Jetzt glaubt ihr vielleicht, dass er ein Erdbeben oder eine Armee geschickt hat! Aber stattdessen schickte er einen Engel zu einem jungen Mädchen namens Maria.

Sie war sehr überrascht, als der Engel vor ihr auftauchte. „Hab keine Angst", sagte er. „Gott liebt dich sehr. Du wirst ein Baby bekommen und sollst es Jesus nennen."

„Aber ich bin doch noch gar nicht verheiratet!", sagte Maria, die mit einem Mann namens Josef verlobt war.

„Gott ist allmächtig und wird es geschehen lassen. Dein Baby wird Gottes Sohn sein. Selbst deine Cousine Elisabeth bekommt in ihrem hohen Alter noch ein Baby. Denn bei Gott ist nichts unmöglich."

„Ich bin Gottes Dienerin", sagte Maria. „Es soll so passieren, wie du es gesagt hast."

Maria und Elisabeth

Lukas 1

Maria war so aufgeregt, dass sie ihre Sachen zusammen-
packte und zu Elisabeth ging, die auf dem Land lebte.
Sobald sie nach ihrer Cousine rief, machte das Baby in
Elisabeths Bauch einen Purzelbaum!
Elisabeth lachte und starrte Maria erstaunt an. „Dich
hat Gott gesegnet, Maria! Und gesegnet ist das Baby, das
du in deinem Bauch trägst! Sogar mein eigenes Baby er-
kennt es schon!"

Jesus wird geboren!

Lukas 2

Als Maria hochschwanger war, mussten Josef und sie nach Bethlehem reisen. Und obwohl Josef überall fragte, fand er nirgends einen Schlafplatz für sie. Die Stadt war völlig überfüllt.

Ein Gastwirt erlaubte ihnen, in seinem Stall zu übernachten. Deshalb kam Gottes Sohn nicht in einem Palast oder einer Villa oder einem Krankenhaus zur Welt, sondern dort, wo die Tiere schliefen!

„In einer Scheune?", fragte der kleine Eisbär.
„Nun, ja. Einer frühen Version davon", sagte Mama Bär.
„Aber er war Gottes Sohn!"
„Ja, aber das wussten die Menschen noch nicht. Obwohl sie kurz davor waren, es zu erfahren …"

In der Nacht, in der Jesus geboren wurde, passten in der Nähe von Bethlehem Hirten auf ihre Schafe auf. Plötzlich kam ein Engel zu ihnen und sagte: „Ich habe eine gute Nachricht für euch! Der Retter wurde geboren!"

Dann war auf einmal der ganze Himmel voller Engel. Sie
alle sangen und waren überglücklich! Es muss die un-
glaublichste Feier überhaupt gewesen sein. „Ehre sei
Gott!", sangen sie. „Und Frieden auf der Erde!"
„Kommt, lasst uns das Baby suchen!", sagte ein Hirte.
Und nachdem sie Jesus gefunden hatten, erzählten sie
jedem, den sie trafen, was sie erlebt hatten.

Die Sterndeuter finden Jesus

Matthäus 2

Einige weise Männer kamen aus dem Osten, weil sie wussten, dass ein neuer König geboren worden war. Sie gingen zu König Herodes in Juda. „Wo können wir den neuen König finden? Wir haben seinen Stern gesehen und sind gekommen, um ihn anzubeten."

„Oh!", sagte Herodes. „Ich weiß es nicht. Aber wenn ihr ihn findet, lasst es mich wissen, damit ich ihn auch anbeten kann."

Der Stern führte die Weisen zu Jesus und sie schenkten ihm Gold, Weihrauch und Myrrhe – die passenden Geschenke für einen König! Nachdem die Weisen gegangen waren, kam ein Engel zu Josef und sagte: „Schnell! Du musst mit deiner Familie fliehen, denn Herodes will Jesus töten. Ich werde dir sagen, wann es sicher genug ist, wieder nach Hause zu kommen."

Jesus geht „verloren"

Lukas 2

Als Herodes gestorben war, kehrten Maria und Josef nach Hause zurück, doch sie vermieden das Gebiet rund um Bethlehem, in dem der neue König regierte, und zogen lieber nach Nazareth. Josef war Zimmermann und Maria kümmerte sich um ihre Familie. Jedes Jahr reisten sie nach Jerusalem, um dort das Passahfest zu feiern. An diesem besonderen Feiertag erinnern sich die Juden daran, wie Gott sein Volk aus Ägypten gerettet hat.

Weil fast alle Juden zum Passahfest nach Jerusalem reisten, war immer viel Betrieb auf der Straße. Als Jesus zwölf Jahre alt war, waren Maria und Josef schon auf dem Heimweg, als sie merkten, dass er nicht mehr bei ihnen war! Sie dachten, er sei verloren gegangen!

Doch als sie zurück nach Jerusalem kamen, fanden sie Jesus schließlich im Tempel. Er hörte den Lehrern dort zu und stellte ihnen Fragen. Jeder um ihn herum war erstaunt, wie viel er verstand, obwohl er noch ein Kind war. „Jesus, wir haben nach dir gesucht!", sagte Maria weinend. „Wir haben uns solche Sorgen gemacht!"

Doch Jesus sagte nur: „Wusstet ihr nicht, dass ich im Haus meines Vaters bin?"

„Wie meinte er das?", fragte der kleine Fuchs. „Das war doch nicht sein Haus."

„Vergiss nicht: Jesus ist Gottes Sohn. Darum war Gottes heiliger Tempel – so nennt man bei den Junden die Kirche – für ihn so nah dran an seinem ‚Zuhause', wie es ging."

„Ist er dann für immer dortgeblieben?"

„Oh nein. Diese Geschichte erinnert uns daran, dass er auch Marias und Josefs Sohn war. Darum ist er wieder mit ihnen nach Hause gegangen und dortgeblieben, bis er erwachsen war. Das ist es, was Jesus so einzigartig macht – er war Gottes Sohn, aber er war auch ganz Mensch."

Johannes der Täufer

Matthäus 3

Erinnert ihr euch noch an das Baby, das einen Purzelbaum im Bauch seiner Mama gemacht hat, als die schwangere Maria in seine Nähe kam? Johannes wusste schon vor seiner Geburt, dass Jesus der Retter war. Und seine Aufgabe war es, die Menschen auf Gottes Sohn vorzubereiten, damit sie ihn auch erkannten.

Johannes ging in die Wüste und erklärte den Menschen, dass sie zu Gott zurückkehren und ihm ihre Schuld bekennen mussten, weil Gottes Reich gekommen war. Dann taufte er sie im Fluss Jordan und verkündete: „Ich taufe euch mit Wasser, aber es kommt jemand, der euch mit dem Heiligen Geist taufen wird!" Damit meinte er natürlich Jesus.

Eines Tages kam Jesus an den Jordan, um sich taufen zu lassen.

Johannes konnte es nicht glauben: „Herr, du solltest mich taufen!"

Doch Jesus sagte: „Bitte tu, was ich sage. So soll es passieren." Also taufte Johannes ihn.

Als Jesus wieder aus dem Wasser auftauchte, sprach Gott vom Himmel herab: „Das ist mein geliebter Sohn. Ich freue mich riesig über ihn!"

„Warum hat Gott das gesagt, Mama?"
„Er wollte alle wissen lassen, wie stolz er auf seinen Sohn war. Und auf uns ist Gott auch stolz.
Er wünscht sich, dass wir uns ebenfalls taufen lassen und ein Teil seiner Familie werden."
„Ich finde es total toll, wenn du mir sagst, dass du stolz auf mich bist."
„Ich weiß, mein kleiner Eisbär", sagte Mama Bär und drückte ihn fest an sich.
„Stell dir mal vor, wie Jesus sich gefühlt haben muss!"

Jesus beruft seine Jünger

Lukas 5

Jetzt war Jesus bereit für seine Aufgabe. Er wusste, was er tun sollte – den Menschen die gute Neuigkeit erzählen, dass Gottes Reich gekommen war – aber er wollte, dass andere ihm dabei halfen.

Eines Tages predigte Jesus am See Genezareth. Eine große
Menschenmenge hatte sich um ihn versammelt. Zwei Brüder, Petrus und Andreas, standen neben ihren Booten. Es
war eine extrem lange Nacht gewesen und sie hatten nur
sehr wenige Fische gefangen.

„Fahrt noch mal hinaus und werft eure Netze ins Wasser!",
sagte Jesus zu ihnen.

Petrus wollte das eigentlich nicht, weil er furchtbar müde war.
Aber irgendetwas an Jesus faszinierte ihn, deshalb machte er,
was er sagte. Sobald sie das Netz ausgeworfen hatten, fingen
sie so viele Fische, dass das Boot beinah unterging! Da er-
kannte Petrus, dass Jesus kein normaler Mensch war.

„Kommt und folgt mir", sagte Jesus. „Ihr könnt Menschen
fischen!"

So fand Jesus seine ersten beiden Jünger. Bald kamen noch
zehn weitere dazu.

„Was bedeutet Jünger?", fragte der kleine Fuchs.

„Es bedeutet Schüler oder Nachfolger", erklärte Mama Bär. „Heute sind wir die Jünger von Jesus! Damals waren diese Menschen die ersten, die Jesus wirklich zuhörten und beobachteten, was er tat, damit sie so werden konnten wie er."

Das Vaterunser

Matthäus 6

Die Jünger und all die anderen Menschen hatten noch nie jemanden wie Jesus getroffen. Es war, als ob er Gott persönlich kennen würde. Und so war es ja auch. Jesus zeigte ihnen, wie man andere Menschen liebt, freundlich ist und vergibt. Und er brachte ihnen das Beten bei. „Ihr müsst gar keine großen Worte machen", sagte Jesus. „Euer Vater im Himmel weiß schon, was ihr braucht, bevor ihr ihn um etwas bittet. Das könntet ihr sagen: ‚Papa, du bist großartig! Versorg uns bitte mit allem, was wir heute brauchen – gib uns genug zu essen. Vergib uns, wenn wir Fehler machen, so wie wir anderen vergeben, wenn sie Fehler machen. Beschütze uns vor bösen Dingen und falschen Wegen. Amen.'"

„Jesus hat ihnen beigebracht, zu Gott Papa zu sagen?", fragte der kleine Eisbär.
„Ja, in seiner Sprache hieß das Abba. Jesus benutzte selbst auch dieses Wort, wenn er betete. Er wollte uns zeigen, wie nah uns Gott ist und wie sehr er uns lieb hat und sich um uns kümmert."

Jesus heilt die Kranken

Matthäus 8–9

Jesus wurde immer bekannter und die Menschenmenge, die ihm folgte, wurde immer größer. Er heilte Menschen – von Fieber, Hautkrankheiten, Blindheit und vielem mehr!

Einige Männer, die gehört hatten, dass Jesus Menschen heilte, brachten ihren gelähmten Freund auf einer Matte zu ihm. Er konnte nicht laufen. „Du brauchst keine Angst zu haben, mein Sohn", sagte Jesus zu ihm. „Deine Sünden sind dir vergeben."

Das machte die religiösen Leiter wütend. *Nur Gott kann jemandem vergeben!*, dachten sie. *Was denkt dieser Mann, wer er ist?* „Was ist einfacher?", fragte Jesus sie. „Ihm zu vergeben? Oder ihm zu sagen, dass er laufen soll? Ich kann beides." Dann drehte Jesus sich zu dem Mann um und sagte: „Steh auf, nimm deine Matte und geh nach Hause." Und der Mann tat genau das!

Das größte Gebot

Matthäus 22

Eines Tages wollte ein neidischer Ge-
setzeslehrer Jesus eine Falle stellen. Er
fragte: „Lehrer, welches Gesetz ist das
wichtigste?" (Die Juden lebten nicht
mehr nur nach den Zehn Geboten. Es
gab Hunderte verschiedener Regeln!)
Jesus sagte: „Liebe Gott von ganzem
Herzen. Und liebe jeden um dich
herum genauso, wie du dich selbst
liebst." Und dann fügte er hinzu: „In
diesen beiden Geboten sind alle anderen enthalten." Die religiösen Leiter
waren sprachlos.

Das verlorene Schaf

Lukas 15

Die religiösen Anführer folgten Jesus überall hin. Sie konnten ihn einfach nicht verstehen. Einerseits schien Jesus Gott und die Bibel besser zu verstehen als sie, andererseits verhielt er sich überhaupt nicht religiös. Es gefiel ihnen nicht, dass Jesus sich mit Leuten abgab, die sie nicht mochten. Sie würden sich niemals mit Sündern treffen.

Dann erzählte ihnen Jesus dieses Gleichnis: „Wenn ihr hundert Schafe hättet und eines würde verloren gehen, würdet ihr ihm nicht hinterherlaufen? Und wenn ihr es gefunden hättet, würdet ihr es nicht nach Hause bringen, überglücklich, dass es gefunden wurde?" Jesus schaute die religiösen Leiter an und sagte: „Genauso handelt Gott im Himmel!"

„Was ist ein Gleichnis?", fragte der kleine Elch.

„Es ist eine Art Geschichte, mit der Jesus seinen Nachfolgern helfen wollte, die Wahrheit zu verstehen", sagte Mama Bär. „Und auch uns heute hilft sie, Gott besser zu verstehen."

„Also … bin ich das verlorene Schaf in diesem Gleichnis oder eines der anderen, die nicht verloren gegangen sind?", fragte der kleine Eisbär.

Mama Bär überlegte ein wenig. „Früher oder später kommen die meisten von uns vom Weg ab, kleiner Eisbär. Und dann sind wir das Schaf, das der Hirte sucht und für das er

alle anderen zurücklässt. So wie ich alles zurücklassen würde, um dich zu finden, falls du jemals verloren gehen solltest!", sagte sie.

„Hat Jesus noch andere Gleichnisse erzählt?", fragte der kleine Eisbär.

„Oh ja", sagte Mama. „Jede Menge. Er hat zum Beispiel eines von einer verlorenen Münze erzählt und sogar eines von einem verlorenen Sohn! Das lesen wir als Nächstes."

Der verlorene Sohn

Lukas 15

Es war einmal ein junger Mann, der zu seinem Vater ging und nach seinem Anteil am Familienvermögen fragte – normalerweise wird das erst aufgeteilt, wenn der Vater gestorben ist. Das muss seinen Vater sehr traurig gemacht haben. Doch er tat, worum sein Sohn ihn bat, und gab ihm das Geld.

Der Sohn verließ sein Zuhause und verschwendete das ganze Geld. Nach einer Weile hatte er alles ausgegeben. Ausgerechnet dann kam eine Hungersnot und jedem knurrte der Magen.

Der junge Mann war so verzweifelt, dass er schließlich eine Arbeit annahm, bei der er Schweine füttern musste. Er dachte sogar darüber nach, selbst die Abfälle zu essen, die er an die Schweine verfütterte! Aber das durfte er nicht. *Was mache ich hier?*, dachte er. *Ich sollte zu meinem Vater zurückgehen. Die Leute, die für ihn arbeiten, bekommen genug zu essen! Vielleicht darf ich ja auch für ihn arbeiten, wenn ich ihn darum bitte.*

Den ganzen Heimweg über machte er sich Sorgen, was sein Vater sagen würde. *Papa wird so enttäuscht von mir sein!*, dachte er wahrscheinlich.

Doch als sein Vater ihn die Straße hinunterlaufen sah, tat er etwas, das sein Sohn niemals erwartet hätte – sein Papa rannte auf ihn zu und umarmte und küsste ihn! Dann ließ er neue Kleider und neue Schuhe für seinen Sohn holen … und er organisierte eine große Party. „Mein Sohn war verloren", sagte er, „aber jetzt ist er wiedergefunden!"

„Also sind wir manchmal wie der Sohn, so wie wir manchmal wie das verlorene Schaf sind?", fragte der kleine Eisbär. „Ja. Jesus wollte uns damit eines ganz deutlich machen: Egal, wie weit wir von Gott weglaufen – egal, was wir machen, egal, wie sehr wir uns für die schlechten Dinge, die wir getan haben, schämen – Gott wird freudig auf uns zurennen, wenn wir zu ihm zurückkehren!"

Jesus und die kleinen Kinder

Lukas 18

Jesus hatte in seinem Herzen einen besonderen Platz für Kinder. Überall, wo er hinkam, brachten Eltern ihre Babys und Kinder zu ihm, damit er sie segnen konnte. Nach einer Weile hatten die Jünger das satt und versuchten, sie wegzuschicken.

Doch Jesus sagte: „Schickt die Kinder nicht weg! Gottes Reich gehört Menschen wie ihnen! Um ins Himmelreich zu kommen, müsst ihr wie ein kleines Kind sein."

„Was heißt das: ‚wie ein kleines Kind sein'?", fragte der kleine Fuchs.

„Nun, wie sind Kinder? Die meisten sind neugierig, offen und liebevoll, nicht wahr? Voller Glauben und Freude, so wie du", sagte Mama Bär.

„Kinder vertrauen darauf, dass alles gut wird. Wenn man erwachsen ist, fällt einem das schwerer. Deshalb sind diese Worte von Jesus so wichtig für uns Erwachsene."

Jesus stillt den Sturm

Markus 4

Nach einem langen Tag mit vielen Menschen sagte Jesus zu seinen Jüngern: „Kommt, wir fahren auf die andere Seite des Sees." Er war so müde, dass er im Boot einschlief. Selbst als ein Sturm aufzog, schlief er weiter!

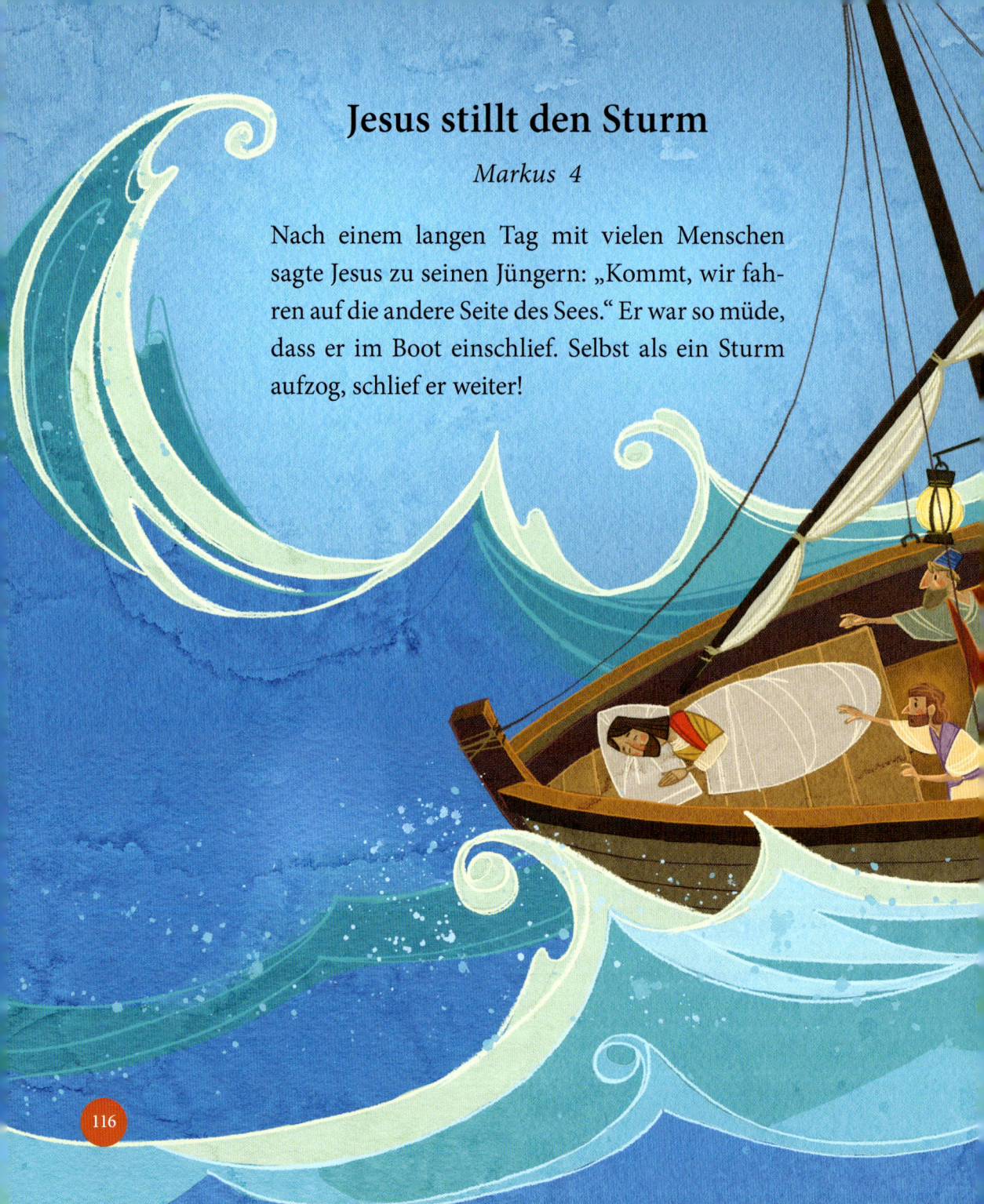

Die Wellen wurden immer höher und höher und höher.
Die Jünger hatten große Angst, denn manche Wellen
schwappten sogar ins Boot! „Wach auf, Lehrer", riefen sie
Jesus zu. „Ist es dir egal, wenn wir ertrinken?"

117

Jesus stand auf und befahl: „Schweig, Wind! Wellen, seid still!"

Und der Wind und die Wellen stoppten. Die Jünger sahen erstaunt erst ihn an, dann wieder auf den See.

„Warum hattet ihr solche Angst?", fragte Jesus. „Glaubt ihr immer noch nicht?"

„Wer ist dieser Mann?", fragten die Jünger sich gegenseitig. „Sogar der Wind und die Wellen gehorchen ihm!"

„Diese Leute haben gesehen, wie Jesus all die Menschen geheilt hat, und sie haben es immer noch nicht kapiert?", fragte der kleine Eisbär.

„Das ist erstaunlich, nicht wahr? Manchmal verstehen wir es aber auch nicht. Gerade wenn wir schwere Zeiten erleben – unsere eigenen Stürme – vergessen wir leicht, dass Gott bei uns ist. Wir müssen uns dann daran erinnern, dass Jesus uns durch alles hindurchhelfen kann."

119

Fünf Brote und zwei Fische

Markus 6; Johannes 6

Egal, wohin Jesus ging, die Menschen kamen, um ihn zu treffen. Einmal stieg er sogar in ein Boot, weil er mit seinen Jüngern allein sein wollte. Doch die Menschen beobachteten ihn und als er am anderen Ufer ankam, warteten sie schon auf ihn. Zu dieser Zeit folgten Jesus Tausende Menschen.

Nachdem Jesus den ganzen Tag zu den Menschen gesprochen hatte, sagten seine Jünger, er solle sie wegschicken, damit sie etwas essen konnten.

„Gebt ihr ihnen Essen", sagte Jesus.

„Das ist unmöglich!", riefen sie. „Um genug Essen für alle zu bekommen, müsste man mehr als sechs Monate lang arbeiten!"

„Wie viel Essen habt ihr?", fragte Jesus.

„Ein kleiner Junge hat uns fünf Brote und zwei Fische gegeben", antworteten sie.

Jesus sagte allen, sie sollten sich in Gruppen zusammensetzen. Dann nahm er das Brot, sah zum Himmel und dankte Gott dafür. Anschließend ließ er die Jünger das Essen verteilen. Und es gab mehr als genug für alle!"

„Wow!", sagte der kleine Otter. „Es bekam wirklich jeder genug zu essen?"

„Gott kann erstaunliche Dinge tun und er weiß, was wir brauchen", sagte Mama Bär, als der Magen des kleinen Otters knurrte. „Er kann sogar unsere hungrigen Bäuche füllen!"

Lazarus steht von den Toten auf

Johannes 11

Jesus war draußen auf dem Land, als er traurige Nachrichten bekam. Sein Freund Lazarus war sehr krank. Lazarus' Schwestern, Maria und Martha, wollten, dass Jesus schnell kam.

Doch es dauerte ein paar Tage, bis Jesus bei ihnen war. Inzwischen war Lazarus gestorben. Viele Menschen hatten sich bei der Familie versammelt, um mit ihr zu trauern. Martha sagte zu Jesus: „Wenn du hier gewesen wärst, Herr, dann wäre Lazarus nicht gestorben!"

„Dein Bruder wird wieder auferstehen", antwortete er.

125

„Ich bin die Auferstehung und das Leben", sagte Jesus. „Wer an mich glaubt, wird leben – selbst, wenn er stirbt! Glaubst du mir das?"

„Ja, Herr", sagte Martha. „Ich glaube, dass du der Sohn Gottes bist."

Dann kam Maria aus dem Haus. Sie weinte sehr.

„Wo habt ihr Lazarus hingelegt?", fragte Jesus.

„Dort drüben", sagten die Schwestern und führten ihn zum Grab. Dort weinte Jesus mit ihnen.

„Konnte dieser Mann, der selbst Blinde heilt, nicht früher kommen und seinen Freund gesund machen?", flüsterten einige Leute.

„Nehmt den Stein weg", sagte Jesus.

„Aber es wird furchtbar stinken!", sagte Martha. „Lazarus ist schon seit vier Tagen tot!"

„Habe ich dich nicht gefragt, ob du mir glaubst?", fragte Jesus. Also schoben sie den Stein zur Seite. Jesus sah zum Himmel hinauf und sagte: „Danke, Vater, dass du mich hörst." Dann drehte er sich zum Grab und rief: „Lazarus, komm heraus!"

Daraufhin kam sein Freund – der tot gewesen war, jetzt aber wieder lebte – heraus. Er war noch immer in die Grabtücher gewickelt!

„Sah er aus wie eine Mumie?", fragte der kleine Elch.
„Wahrscheinlich", sagte Mama Bär. „Wenn damals
jemand starb, rieb man ihn mit besonderen Ölen ein,
wickelte ihn in Tücher und begrub ihn in einer
Höhle, die in einen Felsen gegraben wurde."
Mama Bär wurde sehr still. „Das war ein großer
Moment für Jesus und seine Jünger. Auch für uns ist
es ein wichtiger Teil der Geschichte. Danach passier-
ten Jesus einige sehr schlimme Dinge. Und auch ein
paar gute. Aber ich denke, er wollte, dass alle Jünger
– auch wir – es wirklich verstehen ... Was sagte er
zu Martha, bevor er Lazarus auferweckte?"
„Er sagte, dass er die Auferstehung und das Leben
ist!", sagte der kleine Eisbär.
„Das ist richtig."
„Was heißt *Auferstehung?*", fragte die kleine Gans.
„Es bedeutet Leben, selbst nach dem Tod. Merkt
euch das, ihr Süßen. Und jetzt ab ins Bett mit euch!"

Am nächsten Morgen nahm Mama Bär während des Frühstücks wieder ihre Bibel in die Hand. „Wollt ihr noch mehr von der Geschichte hören?"
„Ja!", riefen der kleine Eisbär und seine Freunde.

Palmsonntag

Matthäus 21

Die Jünger und Jesus gingen nach Jerusalem. Jesus ritt auf einem Esel in die Stadt ein. Die Menschen waren sehr aufgeregt, denn sie hatten gehört, was Jesus alles getan hatte. Sie legten ihre Mäntel und Palmzweige vor ihm auf die Straße wie für einen König und jubelten ihm zu!

Jesus ging zum Tempel. Dort heilte er noch mehr Blinde und Menschen, die nicht gehen konnten. Kinder rannten aufgeregt herum und jubelten Jesus immer noch begeistert zu, was die religiösen Anführer wieder wütend machte.

Das letzte Abendmahl

Matthäus 26

Jesus wusste, dass die Feierstimmung nicht lange anhalten würde. „In zwei Tagen findet das Passahfest statt – dann werde ich ausgeliefert und schließlich getötet werden", warnte er seine Jünger.

Sie wollten es nicht glauben.

Später, als sie das Passahfest feierten, nahm Jesus etwas Brot, dankte Gott und brach es. Er sagte: „Nehmt und esst es; das ist mein Körper."

Dann nahm er einen Becher Wein, dankte wieder, und gab ihn den Jüngern. „Trinkt alle davon. Das ist mein Blut. Tut das, um euch an mich zu erinnern."

Der kleine Eisbär und seine Freunde schauten Mama Bär alarmiert an. „Warum sollten sie ihn töten wollen?", fragte der kleine Elch. „Ich meine, er hat doch nur Gutes getan! Menschen geheilt und so!"
„Ich weiß. Es ist schwer, sich das vorzustellen. Aber Gott wusste, dass es der einzige Weg war.
Er hat seinen eigenen Sohn geopfert, damit uns unsere Schuld für immer vergeben ist."

Jesus stirbt

Matthäus 27; Johannes 19

Jesus wurde gefangen genommen und zu Pontius Pilatus gebracht, dem römischen Mann, der in Jerusalem das Sagen hatte. „Bist du der König der Juden?", fragte Pilatus.

„Ja, du sagst es", antwortete Jesus.

Pilatus ließ jedes Jahr zum Passahfest einen Gefangenen frei, den das Volk sich aussuchen durfte. Als er diesmal fragte, welchen Gefangenen er gehen lassen sollte, überredeten die religiösen Anführer die Menge, nicht nach Jesus zu rufen, sondern nach einem anderen Gefangenen.

„Was soll ich dann mit Jesus machen?", fragte Pilatus.

„Töte ihn!", riefen sie.

Die Soldaten führten Jesus ab, brachten ihn auf einen
Hügel und hängten ihn an ein Kreuz.
Seine Mutter und seine Nachfolger versammelten sich
am Fuß des Kreuzes und weinten.
Mittags wurde der Himmel sehr dunkel. Und als Jesus
seinen letzten Atemzug nahm, zerriss der Vorhang im
Tempel und es gab ein Erdbeben. Es war, als ob Gottes
Schöpfung mit ihnen weinte.

„Er ist gestorben?", fragte der kleine Eisbär.
„Ja, das tat er", flüsterte Mama Bär. Dabei lief ihr
eine Träne die Wange hinunter.
„Warum?", fragten die anderen Tierkinder.
„Für euch. Für mich. Ihr werdet es sehen …"

140

Pilatus erlaubte einem Freund von Jesus, ihn zu begraben. Der Freund wickelte den Toten in Tücher und legte ihn in ein leeres Felsengrab. Dann rollte er einen großen Stein davor, um es zu verschließen.

Die religiösen Anführer erinnerten sich daran, dass Jesus gesagt hatte, er würde am dritten Tag auferstehen. Deshalb überredeten sie Pilatus, Wachen aufzustellen, die Tag und Nacht auf das Grab aufpassen sollten. Sie hatten Angst, dass die Jünger von Jesus seinen Körper stehlen würden.

Zwei Tage vergingen. Und am dritten …

Die Auferstehung

Matthäus 28

Maria und Maria Magdalena waren gerade am Grab, als der Boden unter ihren Füßen zu beben begann! Plötzlich kam ein Engel vom Himmel herunter. Die römischen Wachen hatten furchtbare Angst. Der Engel rollte den Stein vor dem Grab weg. Dann schaute er die

Frauen an. „Habt keine Angst. Ich weiß, dass ihr nach Jesus sucht. Er ist nicht hier. Er ist auferstanden! Seht selbst nach."

Das taten sie und der Engel hatte recht. Der Körper von Jesus war verschwunden!

„Geht und erzählt es den Jüngern!", sagte der Engel. „Er ist auferstanden und ihr werdet ihn wiedersehen."

„Warte mal einen Moment!", rief der kleine Eisbär. „Er hat wieder gelebt?"
„Ja", sagte Mama Bär lächelnd. „Er starb für uns und schaffte damit einen
Weg, wie wir für immer bei Gott sein können. Und er kam zurück, um uns
zu zeigen, dass der Tod nicht das Ende ist, sondern die Auferstehung folgt.
Das meinte er, als er sagte, dass wir für immer leben würden, wenn wir an
ihn glauben. Wenn unsere Körper auf der Erde sterben, bekommen wir neue
Körper und leben für immer mit ihm und Gott im Himmel zusammen."
„Aber was ist, wenn ich diesen Körper mag?", fragte das kleine Stinktier.
„Ja!", sagte der kleine Fuchs. „Was, wenn wir diese Körper mögen?"

„Dann werdet ihr eure neuen Körper sogar noch lieber mögen",
sagte Mama Bär. „Im Himmel wird es keine Krankheiten mehr
geben und auch keine Traurigkeit. Es wird wie bei Adam und Eva im
Garten sein, ganz am Anfang der Bibel."

„Also das war's dann?", fragte der kleine Eisbär. „Die Jünger sahen
Jesus nie wieder, bis sie in den Himmel kamen?"

„Oh nein", sagte Mama Bär. „Jesus erschien ihnen noch mehrfach
auf der Erde, um ihnen zu beweisen, dass er lebte. Am besten lesen
wir noch etwas weiter …"

Jesus erscheint den Jüngern

Lukas 24; Apostelgeschichte 1

Die Frauen kamen und erzählten den Jüngern von dem leeren Grab, aber sie glaubten ihnen nicht. Also zeigte Jesus sich ihnen. Er lief sogar mit zwei von ihnen auf der Straße nach Emmaus!

Die Männer waren so begeistert, dass sie zurück nach Jerusalem rannten, um den anderen davon zu erzählen, und dort erschien Jesus ihnen allen!

Zuerst hatten die Jünger Angst, denn sie dachten, er wäre ein Geist! Doch Jesus zeigte ihnen, dass er das nicht war. „Fasst mich an", sagte er. „Ich bin echt – so echt, dass ich Hunger habe. Habt ihr etwas zu essen?"

„Das wäre cool, wenn Jesus genau jetzt erscheinen würde!", sagte der kleine Eisbär.
„Ja! Genau hier, auf der Veranda!", sagte der kleine Fuchs.
Mama Bär lächelte.
„Stimmt, das wäre cool. Und er könnte das sogar! Auch das ist ein Teil der Geschichte!"

Jesus verbrachte die nächsten vierzig Tage damit, seine Nach-folger zu unterrichten. Er erklärte ihnen, dass das, was Gottes Propheten über den Messias angekündigt hatten, durch seine Geburt, seinen Tod und seine Auferstehung in Erfüllung ge-gangen war. Am Ende verstanden die Jünger wirklich, dass Jesus der Retter war, auf den die Welt gewartet hatte!

Jesus erzählte ihnen noch mehr über Gottes Reich, bevor er wieder zurück in den Himmel ging. „Der Heilige Geist wird kommen und euch Kraft geben", sagte er. „Und ihr werdet den Menschen von mir erzählen, hier und in der nächsten Stadt … und auf der ganzen Welt!"

Paulus sieht das Licht

Apostelgeschichte 9

Viele Menschen mochten die Jünger und die anderen Menschen, die an Jesus glaubten, nicht. Einer von ihnen hieß Paulus. Er wollte die Nachfolger von Jesus aufspüren und sie ins Gefängnis werfen!

Also erschien Jesus ihm in einem riesigen Lichtblitz. Er war so hell, dass Paulus zu Boden fiel. „Wer bist du, Herr?", fragte er.

„Ich bin es, Jesus", sagte er. „Wenn du gemein zu meinen Leuten bist, bist du gemein zu mir." Dann ließ er Paulus erblinden! „Jetzt geh in die Stadt und warte", sagte er.

In Damaskus kam ein Mann namens Hananias zu Paulus. „Bruder", sagte er und legte seine Hände auf ihn, „Jesus schickt mich zu dir, damit du dein Augenlicht wiederbekommst und mit dem Heiligen Geist erfüllt wirst." Sofort konnte Paulus wieder sehen! Jetzt glaubte auch er an Jesus.

So kam es, dass Paulus, der die Nachfolger von Jesus erst verfolgt hatte, sich mit ihnen traf und das tat, was sie auch taten – anderen von Jesus erzählen. Und sie strahlten dabei so viel Freude und Frieden aus, dass viele andere Menschen Jesus auch nachfolgen wollten.

Paulus verbreitet die gute Nachricht

Apostelgeschichte 13-28

Paulus reiste sehr weit und erzählte so vielen Menschen von Jesus, wie er konnte. Er war sich so sicher, dass Jesus der Retter war, dass ihn nichts davon abhalten konnte, sein Wissen an andere weiterzugeben! Auf seinen Reisen erlitt er Schiffbrüche, er wurde verhaftet, geschlagen und hatte Hunger. Aber trotz allem blieb er Jesus treu.

Durch Paulus kamen viele Menschen zum Glauben an Jesus. Und die Gläubigen nach ihm erzählten die Geschichte weiter … und die danach auch … genau wie die danach …

„… und die danach", sagte Mama Bär. „Bis ich an der Reihe war, euch die Geschichte zu erzählen. Die Geschichte von Gottes Liebe. Von Jesu Tod und Auferstehung! Davon, dass er uns den Heiligen Geist gesandt hat. Dass wir eines Tages für immer mit ihm im Himmel leben werden. Und jetzt seid ihr an der Reihe, Kinder. Denn diese Geschichte, die Gott uns geschenkt hat, ist keine ausgedachte Geschichte!", sagte sie und hob ihre Bibel hoch. „Sondern die wahrste Geschichte überhaupt."

„Ich kenne jetzt die Wahrheit", sagte der kleine Eisbär.

„Ich auch!", riefen seine Freunde.

Sie alle waren einen kurzen Moment lang still. Dann fragte der kleine Elch: „Was ist der Heilige Geist?"

„Der Heilige Geist ist Gott, der in unseren Herzen lebt. Er hilft uns, zu entscheiden, was richtig und was falsch ist. Er tröstet uns, wenn wir traurig sind. Und er ermutigt uns, so wie Jesus zu sein. Wollt ihr so sein wie Jesus?"

„Ja!", riefen der kleine Eisbär und seine Freunde.

„Genau so lebt die Geschichte weiter", sagte Mama Bär.
„Durch euch. Durch mich. Und genau so wird sie zu
unserer Geschichte."

„Also … hat Gott uns eine niemals endende Geschichte
geschenkt!", sagte der kleine Eisbär am Abend.

„Das stimmt", sagte Mama Bär. „Ist das nicht großartig?
Eines Tages werden wir Jesus persönlich sehen und es
wird ein ganz neuer Abschnitt unserer Geschichte
beginnen!"

„Ich bin froh, dass Gott uns die Bibel gegeben hat,
Mama. Sie ist wirklich ein Geschenk des Himmels. Und
ich bin froh, dass er uns so sehr lieb hat."

„Ich auch, kleiner Eisbär", sagte sie und gab ihm einen
Kuss. „Ich auch."